こどものためのピアノ曲集

陽のかなしみ

荻久保 和明 作曲

The piano pieces for CHILDREN for small hands-No Octaves

Sadness of the Sun

composed by Kazuaki Ogikubo

カワイ出版

は じ め に

　カワイ出版の委嘱により作曲した僕の最初のピアノソロアルバムです。大体，バイエル後半からチェルニー40番中程までのレベルで順次で弾けるように作られています。

　すべての作品に，同時に打鍵するオクターブはありません。小さな手の子供達，あるいは，年齢の割に先まで進んでしまった子供達にも，気の利いた小品として利用していただけると思います。

　ひびきの美しさ，簡潔な対位法，イキイキとしたリズムなどに留意しつつ，親しみ易いメロディを心がけたつもりです。しかし，決して子供の発表会用の甘ったるいチョコレートケーキのような曲を生み出したわけではありません。それなりの地道な練習と努力が必要でしょうし，様々なテクニックや表現意欲などの点で得る所も多いはずです。

　より多くの方々に演奏され，愛され，少しでも音楽する喜びを感じ取っていただければ幸いです。

1989年 6 月

荻久保 和明

Preface

　This is my first album of piano solos, composed under a commission from edition KAWAI. They were composed so that they can be played in order, starting from level of the latter part of Beyer and extending to the level of Czerny No. 40.

　There are no pieces requiring an octave stretch. I feel they will provide small pieces for children with small hands and children who have advanced to higher levels than expected at their ages.

　My aim was to produce approachable melodies while taking care to provide beauty of sound, clear counterpoint and lively rhythms. But in no sense did I aim at the kind of sweet, chocolate cake-like pieces heard at children's piano recitals. The pieces require steady practice and efforts on the part of the players, and include, I believe, various points useful in teaching players about techniques and expression.

　I hope these pieces will be played and loved by as many children as possible, and will inspire them with the joy of making music.

June, 1989

Kazuaki Ogikubo

も　く　じ／CONTENTS

		演奏時間	page
1.	陽のかなしみ Sadness of the Sun	(ca. 1′25″)	4
2.	スウィング マーチ Swing March	(ca. 1′45″)	6
3.	時計が真夜中に鳴る時 When the clock strikes midnight	(ca. 2′25″)	10
4.	兵士の唄 Song of a Soldier	(ca. 1′55″)	13
5.	メヌエット Minuet	(ca. 2′30″)	18
6.	ペガサス Pegasus	(ca. 1′55″)	22
7.	小さなワルツ Little Waltz	(ca. 2′20″)	27
8.	むかしむかしのヴァリエーション Variations on "Long, Long Ago"	(ca. 5′20″)	31
9.	ピアノ ソナタ Piano Sonata	(ca. 8′30″)	37
10.	ノクターン Nocturne	(ca. 5′15″)	52

陽のかなしみ
Sadness of the Sun

熊本在住の詩人石牟礼道子さんのエッセイ「陽のかなしみ」にイメージを得た曲。内湾の凪いだ海に夕日が沈む時、その金色にきらめく水面から陽炎のように立ちのぼる、やさしく哀しいもの……。それは、ゆっくり、ゆっくり、時が流れるように、静かに消えてゆく。

The image for this piece was taken from an essay "Sadness of the Sun" by Michiko Ishimure, a poet living in Kumamoto. As the evening sun sinks into the calm sea, something gentle and sad floats up from the surface of the water, like the shimmering of hot air. Then it gradually disappears, calmly, like the passing of time itself..........

荻久保 和明 作曲
Kazuaki Ogikubo

© Copyright 1989 by edition KAWAI, Tokyo, Japan.
International Copyright Secured, All Rights Reserved.

2
スウィング マーチ
Swing March

シンコペートされたシャープなリズムがこの曲の持ち味。中間部は左手を強めに，右手はリズムを強調して。あまり早過ぎない方が，リズム感をクリアに出せるかもしれない。特に小さい子供にとっては。

    Sharp, syncopated rhythms characterize this piece. The middle section should be played a little stronger in the left hand, while the rhythm is emphasized by the right hand. To make the rhythm clearer, it may be better to play it not too fast, especially when the player is a small child.

荻久保 和明 作曲
Kazuaki Ogikubo

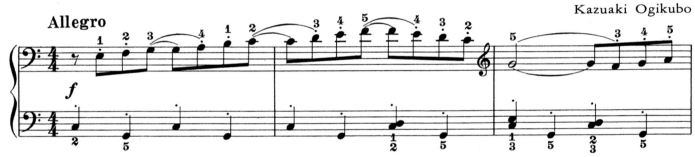

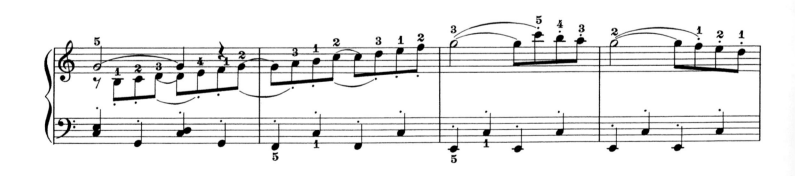

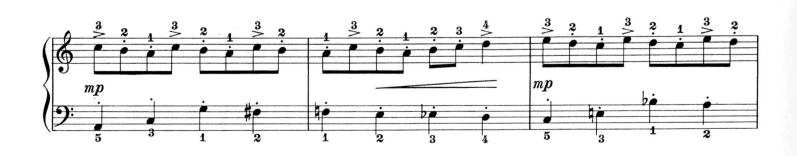

© Copyright 1989 by edition KAWAI, Tokyo, Japan.
International Copyright Secured, All Rights Reserved.

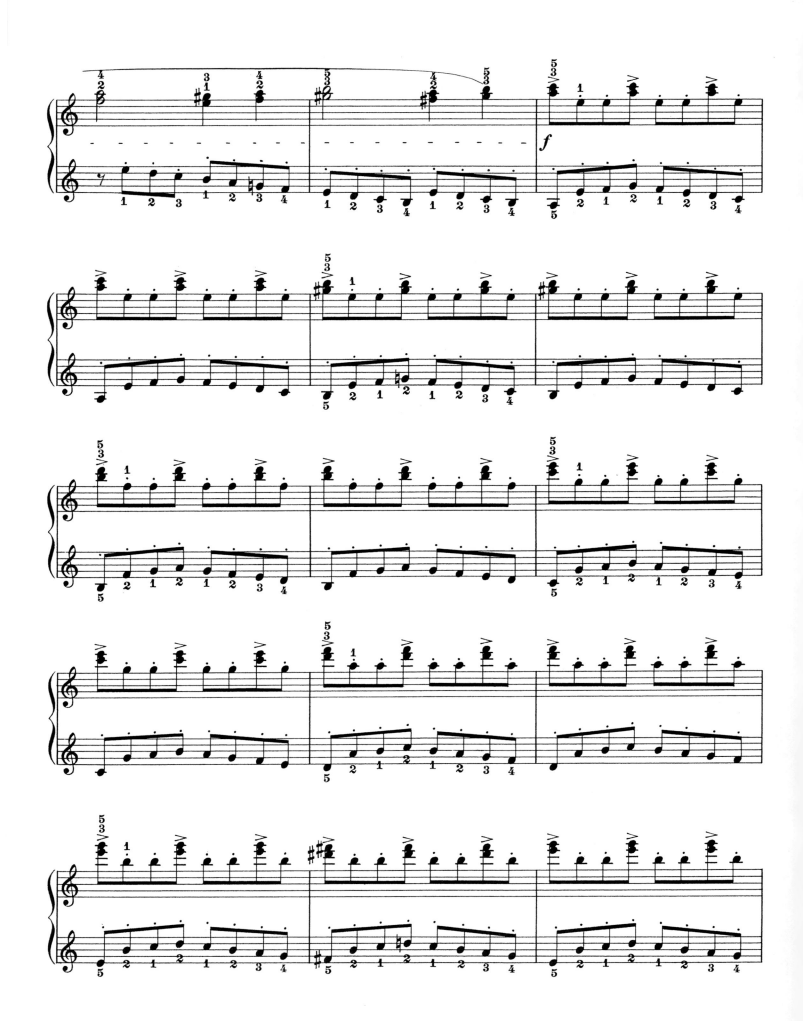

3
時計が真夜中に鳴る時
When the clock strikes midnight

ふと，真夜中にめざめた少年が聞いたものは，13回目の柱時計の音だった。
ゆらめく周囲の景色の中で，60年前にタイムスリップした少年が見たものは，
現在同居している老婆の少女時代の姿であった。そして少年は……。
　　　（ピアス作「トムは真夜中の庭で」より）

A boy, happening to wake up in the middle of night, hears a clock strike thirteen. As
the scenery about him sways, he travels back 60 years in time, and meets a young girl. He
soon learns that the girl is actually the old woman who lives in his house.
(TOM'S MIDNIGHT GARDEN by A. Philippa Pearce)

荻久保 和明 作曲
Kazuaki Ogikubo

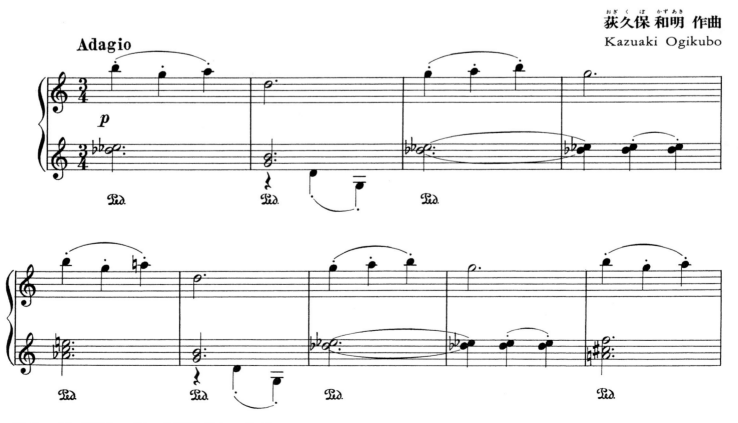

© Copyright 1989 by edition KAWAI, Tokyo, Japan.
International Copyright Secured, All Rights Reserved.

兵士の唄
Song of a Soldier

正確で美しいスタッカートタッチを多用した急速な舞曲。
ひそやかな中間部分はテンポを変えずに。変イ短調に始まる
コーダは低いAの音に向って一気に進む。

A rapid dance piece requiring a great deal of precise and attractive staccato. The tempo should not be changed in the hushed middle section. The coda which begins in A flat minor, proceeds straight to the low A.

荻久保 和明 作曲
Kazuaki Ogikubo

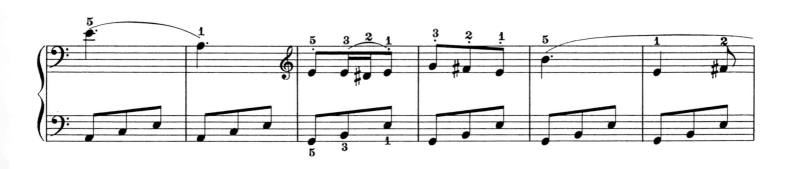

© Copyright 1989 by edition KAWAI, Tokyo, Japan.
International Copyright Secured, All Rights Reserved.

5
メヌエット
Minuet

バッハのスタイルによるメヌエット、プラスチャイコフスキーのワルツ。
礼儀正しいお嬢様が、急にはめをはずしてハシャギ出し、それを恥じて早急
にいとまを告げる。そんな風に弾くときっとおもしろいのでは!?

A minuet in the style of Bach, plus a waltz in the style of Tchaikovsky. A very correct young lady suddenly lets herself go, then, becoming embarrassed, says goodbye rather hastily. Why not try playing it with that in mind?

荻久保 和明 作曲
Kazuaki Ogikubo

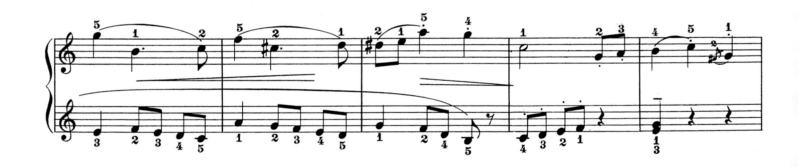

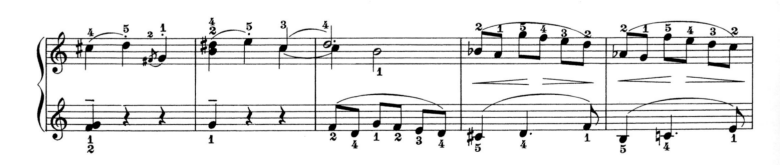

© Copyright 1989 by edition KAWAI, Tokyo, Japan.
International Copyright Secured, All Rights Reserved.

6
ペガサス
Pegasus

美しいスタッカートの和音のためのエチュード。メロディは常に上昇志向——→飛翔——→ペガサスというインスピレーション。できるだけスピーディに歯切れ良く奏するべきだが、指に力のない生徒のためには、速さよりも、和音の正確なタッチに留意。

An etude in attractive staccato harmonies. The melody is intended to suggest Pegasus, flying up and up into the sky. Though it should be played as speedily as possible, with clear rhythms, a young player who has not enough finger strength should be more concerned with correct harmony than with playing fast.

荻久保 和明 作曲
Kazuaki Ogikubo

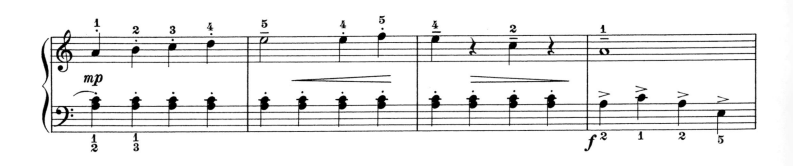

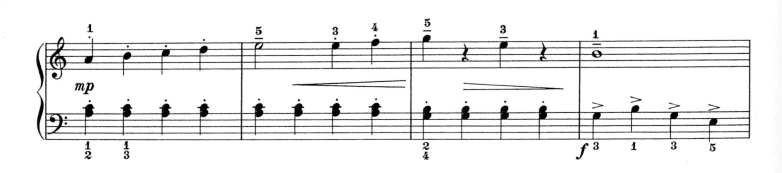

© Copyright 1989 by edition KAWAI, Tokyo, Japan.
International Copyright Secured, All Rights Reserved.

7
小さなワルツ
Little Waltz

左手の伴奏が右手のメロディのじゃまをしないように。
中間部分は左手がメロディ。しかし，右手の分散和音の中
にもさりげないメロディがかくされている。最後の右手の
スケールはカッコ良く決めよう。

The care that the left hand accompaniment does not disturb
the right hand melody. In the middle section the left hand plays
the melody, but a melody is also hidden among the dispersed har-
monies played by the right hand. The scale played by the right
hand in the final section should round things off in style.

荻久保 和明 作曲
Kazuaki Ogikubo

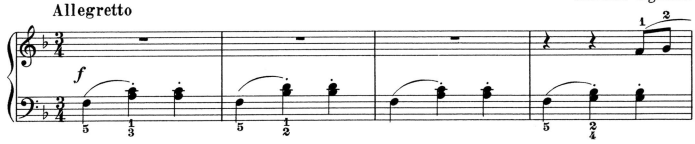

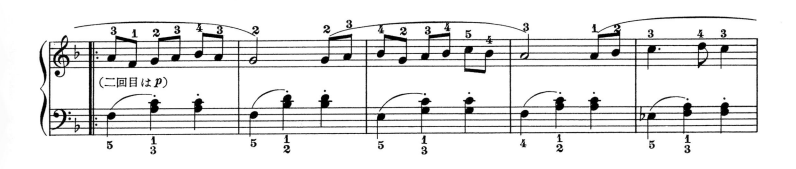

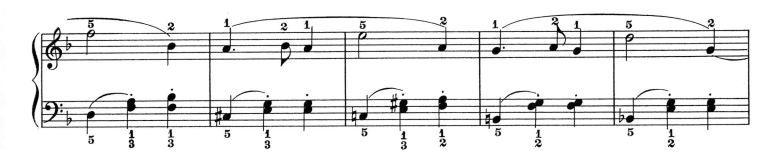

© Copyright 1989 by edition KAWAI, Tokyo, Japan.
International Copyright Secured, All Rights Reserved.

8
むかしむかしのヴァリエーション
Variations on "Long, Long Ago"

「ロングロングアゴー」のテーマによる，主題と5つの変奏。
第5変奏はバグパイプ風に。コーダはテーマの回想であり，ハープのゆるやかな美しいアルペジオをイメージして。

The "Long, Long Ago" theme and five variations. The fifth variation should sound like bagpipes. The coda is a repetition of the theme. It should be played with a slow and beautiful harp arpeggio in mind.

荻久保 和明 作曲
Kazuaki Ogikubo

© Copyright 1989 by edition KAWAI, Tokyo, Japan.
International Copyright Secured, All Rights Reserved.

32

1st Variation

ピアノ ソナタ
Piano Sonata

第1楽章——モーツァルト風な第1主題は明るくスッキリと。第2主題も同じような性格。しかし，少しドラマティックな推移は展開部冒頭で活用される。すべり込むようにイ短調のV度で入る再現部は圧縮され，より簡潔に書かれている。

第2楽章——極めてシンプルな3声の対位法による自由な形式の小品。透明なリリシズムを持って演奏されたい。

第3楽章——快活に生き生きと奏すること。しかし，あまりチャカチャカした感じにならないように，メロディはなるべくおおらかに歌いたい。右手と左手のバランスの変化，均質なタッチが要求されよう。

The Mozartean first theme of the first movement should be cheerful and clear-cut. The second theme has a similar character, but a somewhat dramatic transition is effected at the beginning of the development. The recapitulation, which is slipped into via an A minor fifth, is written more simply.

The second movement is a small piece in free style using a very simple three-part counterpoint. Should be played with a transparent lyricism.

The third movement should be played in a lively, merry fushion, but take care not to play too noisily. The melody should sing with quiet breadth. A clear distinction of balance should be made between the left hand and right hand, and an even quality of touch maintained.

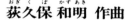

荻久保 和明 作曲
Kazuaki Ogikubo

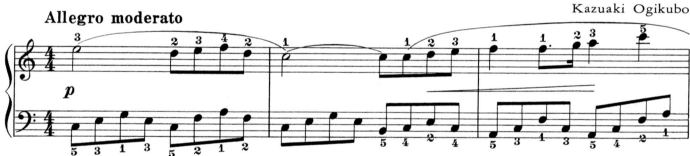

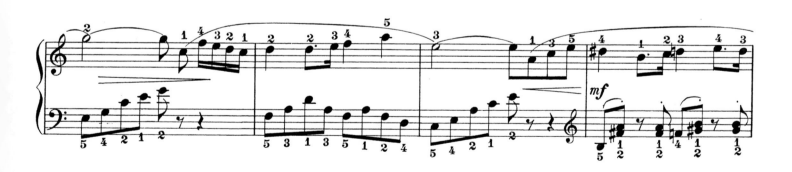

© Copyright 1989 by edition KAWAI, Tokyo, Japan.
International Copyright Secured, All Rights Reserved.

38

10
ノクターン
Nocturne

ややメランコリックな性格を帯びた，メロディアスな作品。
メロディのこまやかな変奏（装飾音による）を美しく。中間部
分（変ホ長調）はショパンへのオマージュ。全体的にテンポル
バートの良質なセンスが必要とされよう。

A melodious piece of somewhat melancolic character. The delicate variations (by grace notes) of the melody should be played as beautiful as possible. The middle section (E flat major) is an homage to Chopin. As a whole, the piece requires a tasteful feeling for rubato.

荻久保 和明 作曲
Kazuaki Ogikubo

© Copyright 1989 by edition KAWAI, Tokyo, Japan.
International Copyright Secured, All Rights Reserved.

作曲者のプロフィール

- 1953年　埼玉県生まれ。
- 1978年　東京芸術大学大学院修了。
  　　　　島岡　譲，矢代秋雄に師事。
- 1976年　日本音楽コンクール作曲部門第1位。
- 作　品　混声合唱曲「季節へのまなざし」，
  　　　　女声合唱曲「まざあ・ぐうす組曲」，
  　　　　男声合唱曲「炎える母」，
  　　　　「交響曲」他多数。

Profile of the composer

- 1953 Born in Saitama
- 1978 Finished the graduate course of Tokyo National University of Fine Arts and Music
  Studied under Yuzuru Shimaoka and Akio Yashiro
- 1976 Won the first prize at the composition section, the Japan Music Concours
- Main works:
  Chorus for mixed voices "A Look at the Season"
  Chorus for female voices "Suite of Mother Goose"
  Chorus for male voices "Mother of Fire", "Symphony" and others

---

	こどものためのピアノ曲集 **陽のかなしみ**
発行日● 1989 年 9 月 1 日　第 1 刷発行	作　曲●荻久保和明
2024 年 6 月 1 日　第 6 刷発行	発行所●カワイ出版（株式会社 全音楽譜出版社 カワイ出版部）
	〒161-0034　東京都新宿区上落合 2-13-3
	TEL.03-3227-6286　FAX.03-3227-6296
表紙装幀・イラスト●かすや昌宏	楽譜浄書●ミタニガクフ
翻訳●高橋茅香子	写植●創美写植
	印刷／製本●平河工業社

© 1989 by edition KAWAI. Assigned 2017 to Zen-On Music Co., Ltd.

　本書よりの転載はお断りします。
　　　　　　　　　落丁・乱丁本はお取り替え致します。
　　　　　　　　　本書のデザインや仕様は予告なく変更される場合がございます。

ISBN978-4-7609-0520-1

こどものためのピアノ曲集

こどものせかい　　湯山　昭 / 作曲

こどものゆめ　　中田喜直 / 作曲

ちいさな詩人たち　　服部公一 / 作曲

音　の　森　三善　晃 / 作曲

ちいさなパレット　　佐藤敏直 / 作曲

虹のリズム　　平吉毅州 / 作曲

音のメルヘン　　石井　歓 / 作曲

24 の前奏曲　　芥川也寸志 / 作曲

日本のうた変奏曲集　　三宅榛名 / 作曲

こどものアルバム　　野田暉行 / 作曲

ブルドッグのブルース　　三枝成彰 / 作曲

あおいオルゴール　　大中　恩 / 作曲

マザー・グースによる25のうた　　浦田健次郎 / 作曲

エチュード・アルモニーク　　萩原英彦 / 作曲

ピアノのらくがき　　佐藤敏直 / 作曲

南　の　風　平吉毅州 / 作曲

ピアノとおはなし　　石井　歓 / 作曲

ピアノの小径（こみち）　　間宮芳生 / 作曲

お話ころんだ　　池辺晋一郎 / 作曲

陽のかなしみ　　荻久保和明 / 作曲

風のプレリュード　　新実徳英 / 作曲

不思議の国のアリス　　木下牧子 / 作曲

風がうたう歌　　鵜﨑庚一 / 作曲

ぬいぐるみのゆめ　　小森昭宏 / 作曲

星のどうぶつたち　　田中カレン / 作曲

あしおとがきこえる　　北爪やよひ / 作曲

虹の花束　　北浦恒人 / 作曲

おとぎの国へ迷いんぼ　　錦　かよ子 / 作曲

風のうた　　岡　利次郎 / 作曲

こどものファンタジー　　洗足学園大学付属音楽教室 編

小鳥になったモーツァルト　　湯山　昭 / 作曲

こどもの舞曲集　　鈴木憲夫 / 作曲

ゆめのなかのできごと　　内田勝人 / 作曲

春になったら…（増補版）　　平吉毅州 / 作曲

光のこどもたち　　田中カレン / 作曲

地　球　田中カレン / 作曲

バナナ・シェイク・ラグ　　大政直人 / 作曲

子どもの庭　　有馬礼子 / 作曲

風のダンス　　有馬礼子 / 作曲

スケッチブック　　佐藤敏直 / 作曲

翔くんのピアノファンタジー　　佐藤　眞 / 作曲

みんなともだち　　寺岡悦子 / 作曲

音の栞　音の栞Ⅱ　音の栞Ⅲ　三善　晃 / 作曲

こだまの森　　三善　晃 / 作曲

さらり・しきたりⅠ／Ⅱ　　嵐野英彦 / 作曲

ピカソくんをたたえて　　寺嶋陸也 / 作曲

空のおと　風のうた　　北爪やよひ / 作曲

むかしのこども　いまのこども　　谷川賢作 / 作曲

満月の夜に　　菱沼尚子 / 作曲

そよ風が吹いてきたら　　鵜﨑庚一 / 作曲

地球の詩　　なかにしあかね / 作曲

さよならさんかく　　千原英喜 / 作曲

なにしてあそぶ？　　安倍美穂 / 作曲

お日さまのキャンバス　　糀場富美子 / 作曲

スタートダッシュ　　信長貴富 / 作曲

ようこそピアノ・アイランドへ　　小原　孝 / 作曲

新しいくつと青い空　　後藤ミカ / 作曲

ひなげし通りのピム　　春畑セロリ / 作曲

パレードが行くよ　　森山智宏 / 作曲

どこでも大発見　　中川俊郎 / 作曲

聞こえなくなった汽笛　　中川俊郎 / 作曲

朝のスケッチ　　名田綾子 / 作曲

風のおくりもの　　秋元恵理子 / 作曲

森の中の小道にて　　鵜﨑庚一 / 作曲

黒猫クロのとおりみち　　三宅悠太 / 作曲

虹とスキップ　　高橋由紀 / 作曲

ちいさないのち　　久米詔子 / 作曲

外国オリジナル・編纂ピアノ曲集

ヴィラ＝ロボスピアノ曲集1
グレード：初～中級
宮崎幸夫 校訂

エルネスト・ナザレピアノ曲選集
グレード：中級
宮崎幸夫 校訂

スペインピアノ曲集（CD付）
グレード：初～中級
上原由記音 校訂

ジュスティーニ 12のソナタ集第1巻
グレード：上級
小倉貴久子 校訂

ジュスティーニ 12のソナタ集第2巻
グレード：上級
小倉貴久子 校訂

カゼッラ：ピアノ作品集
グレード：中級
関 孝弘 校訂

カゼッラ：ピアノ名曲選集
グレード：中～上級
関 孝弘 校訂

アンデルセン童話ピアノ曲集（シュッテ）
グレード：初～中級
髙梨智子 校訂・監修

ニールセン ピアノ曲集
グレード：初～中級
髙梨智子 校訂・監修

みにくいアヒルの子（ボルケヴィッチ）
グレード：初～中級
髙梨智子 校訂・監修

ファニー・メンデルスゾーンピアノ曲集
グレード：中級
上田京 校訂

花の歌（ランゲ）
グレード：初～中級
上田京 校訂

リリ・ブーランジェピアノ曲集
グレード：中～上級
平野貴俊 校訂

グリエール：2つのピアノ小品集
グレード：中級
嵐野英彦 解説

ロマンティックな小品集（シャミナード）
グレード：中級
松永晴紀 校訂

シャミナード・ピアノソロ名曲集
グレード：初～中級
松永晴紀 校訂

スペイン風セレナード（シャミナード）
グレード：中級
松永晴紀 校訂

先生と生徒（モシュコフスキ）
グレード：生徒初級／先生中級
松永晴紀 校訂

いつもいっしょに（ユオン）
グレード：I, II 共に初級
松永晴紀 校訂

とてもやさしい小品集（フックス）
グレード：I 初級／II 中級
松永晴紀 校訂

デュオ・レパートリー
イギリス近代作曲家編
グレード：初～中級
松永晴紀 解説

デュオ・レパートリー
ドイツ近代作曲家編
グレード：初～中級
松永晴紀 解説

こどものための24の小品集
（コセンコ）
グレード：初～中級
髙谷光信 監修・解説

ダルクローズ ピアノ連弾曲集
グレード：初～中級
ジャック＝ダルクローズ作品研究会 校訂

ダルクローズ ピアノ曲集1
グレード：初～中級
ジャック＝ダルクローズ作品研究会 校訂

ダルクローズ ピアノ曲集2
グレード：中級
ジャック＝ダルクローズ作品研究会 校訂

ダルクローズ ピアノ曲集3
グレード：中級
ジャック＝ダルクローズ作品研究会 校訂

ダルクローズ ピアノ曲集4
グレード：初～中級
ジャック＝ダルクローズ作品研究会 校訂

アルカン・ピアノ曲集 I
グレード：初～中級
上田泰史 校訂

アルカン・ピアノ曲集 II
グレード：中～上級
上田泰史 校訂

ステファン・ヘラーピアノ曲集 I
グレード：初～中級
上田泰史 校訂

ステファン・ヘラーピアノ曲集 II
グレード：中～上級
上田泰史 校訂

ラヴィーナ ピアノ曲集
グレード：初～中級
上田泰史 校訂

マルモンテル ピアノ曲集
グレード：初～中級
上田泰史 校訂

ル・クーペ ピアノ曲集
グレード：初～中級
上田泰史 校訂

グノー ピアノ曲集
グレード：初～中級
上田泰史 校訂

サン＝サーンス ピアノ曲集
グレード：初～中級
中西充弥 校訂

すべての子どものために
（ダンディ）
グレード：初～中級
川上啓太郎 校訂・解説

19世紀パリのサロンが生んだ
知っておきたいピアノ曲集
グレード：中級
上田泰史 編

ピアノで感じる 19世紀パリの
サロン
グレード：初～中級
上田泰史 編

キーボードで弾く
バロック名曲集
グレード：初～中級
小倉貴久子 編

ジョン・アイアランドピアノ曲集
グレード：中級
内藤晃 校訂

13人の女性によるピアノ小品集
グレード：中級
内藤晃 解説

今年が記念のわたしたち2017
グレード：初～中級
カワイ出版編

今年が記念のわたしたち2018
グレード：初～中級
内藤晃 解説

今年が記念のわたしたち2019
グレード：初～中級
内藤晃 解説

今年が記念のわたしたち2020
グレード：初～中級
内藤晃 解説

今年が記念のわたしたち2021
グレード：初～中級
内藤晃 解説

アニバーサリーピアノ曲集2022
グレード：初～中級
内藤晃 監修

アニバーサリーピアノ曲集2023
グレード：中～上級
内藤晃 監修

アニバーサリーピアノ曲集2024
グレード：中級
内藤晃 監修